Dépôt légal : 2365 04 1993 - 29 34 1290 01/5
I.S.B.N. 2.01.020472.7
Loi n° 49-956 du 16 juillet 1949 sur les publications destinées à la jeunesse.
Imprimé en France par Aubin à Ligugé - Poitiers

LES SECRETS DU DANUBE

ENQUÊTE SUR LE DERNIER GRAND FLEUVE SAUVAGE D'EUROPE

HACHETTE Jeunesse

LES PAYS RIVERAINS

L'ALLEMAGNE :
81 millions d'habitants.
En 1990, l'Allemagne de l'Ouest et l'Allemagne de l'Est se sont réunifiées. La capitale du pays est à nouveau Berlin.

L'AUTRICHE :
7,6 millions d'habitants.
Vienne, la capitale, est traversée par le Danube.

L'EX TCHÉCOSLOVAQUIE
15,5 millions d'habitants.
Le 1er janvier 1993, la République tchèque et la Slovaquie se sont séparées. La République tchèque est composée de la Bohème et de la Moravie. Elle compte 10,3 millions d'habitants, sa capitale est Prague.
La Slovaquie, riveraine du Danube, compte 5,2 millions d'habitants. Sa capitale est Bratislava.

LA HONGRIE :
10,3 millions d'habitants.
Budapest, capitale de Hongrie, est bâtie sur les deux rives du Danube.

L'EX YOUGOSLAVIE
Le 25 juin 1991, la Croatie a proclamé son indépendance. La Croatie compte 4,6 millions d'habitants.
Sa capitale est Zagreb.
La Serbie compte 9,8 millions d'habitants. La Serbie actuelle comprend encore les provinces autonomes de Voïvodine et du Kosovo ainsi que le Monténégro.
La capitale est Belgrade.

LA ROUMANIE :
23 millions d'habitants.
Sa capitale est Bucarest.

LA BULGARIE :
9 millions d'habitants.
Sa capitale est Sofia.

L'UKRAINE (Confédération des Etats Indépendants) :
52 millions d'habitants.
L'Ukraine est un des douze nouveaux Etats créés après la chute de l'URSS.
Sa capitale est Kiev.

PLAINES ALLUVIALES
HONGRIE
TIZSA
ROUMANIE
CARPATES
naufrage du Rostov
DELTA
SULINA
BRAILA
ST GEORGES
COPCA MICA
ISVERNA
BUCAREST
CERNAVODA
CONSTANZA
SREBARNA
portes de fer
TURNU MAGURELE
BELGRADE
GOLUBAC
LEPENSKI VIR
SERBIE
KOZLODOUY
NIKOPOL
MER NOIRE
BULGARIE
MONTÉNÉGRO
SOFIA
BALKANS

SOMMAIRE

UN VENT DE LIBERTÉ

Hier en Allemagne, aujourd'hui en Hongrie, demain sur la mer Noire ! Notre hélicoptère file à toute allure au ras des eaux brunes du Danube. Il est si large que l'on ne voit pas ses rives. "Nous vivons un moment unique, dit le commandant Cousteau, très ému. Personne avant nous n'a pu survoler le Danube de ses sources en Forêt-Noire jusqu'à son delta en mer Noire." Le rideau de fer, cette frontière très bien gardée qui interdisait l'accès aux pays de l'Est, n'existe plus. Aujourd'hui souffle un vent de liberté. Partons à la rencontre des gens du Danube. Isolés pendant si longtemps, ils sont avides de contacts avec le reste du monde. Que vont-ils nous raconter ?

En canoë, en Zodiac, en brise-glace, en hélicoptère, à pied et à la nage, l'Équipe Cousteau a exploré ce fleuve qui traverse neuf pays. Nous avons escaladé les montagnes pour plonger dans des lacs aux eaux limpides. Nous avons exploré en scooter sous-marin des grottes magnifiques. Nous avons épié les pélicans dans leur repaire de roseaux… Deux ans de missions à la découverte des secrets du Danube. En route pour l'aventure !

Le commandant Cousteau prépare l'expédition en filmant du ciel les 2 880 km du Danube. Ce survol exceptionnel, impossible à réaliser avant l'ouverture des pays de l'Est, a été très précieux pour orienter les recherches. Mais notre canoë baptisé "Pousse-cailloux" nous permet un contact plus intime avec l'élément liquide.

Pour faire connaissance avec le fleuve, rien ne vaut un survol en hélicoptère, des sources au delta.

L'impressionnante forteresse médiévale de Golubac garde l'entrée du défilé des Portes de Fer, entre la Serbie et la Roumanie.

Ah, la soupe de poissons d'Imra !

Les pêcheurs du Danube connaissent leur métier : des dizaines de carpes, tanches et brochets frétillent dans leur filet.

Il fait humide et froid dans la forêt hongroise. Dans la nuit qui s'achève, nous pressons le pas, car nous avons rendez-vous avec les derniers pêcheurs professionnels du Danube. Un métier qui a pratiquement disparu en Europe de l'Ouest. C'est un peu comme si nous revenions un siècle en arrière en France, sur les bords du Rhône ou du Rhin. "*Jo' reggelt !*" (bonjour). Accroupis autour du feu, les pêcheurs attendent l'aube. Ils nous invitent à partager leur petit déjeuner : lard grillé et vodka. Dans le pâle soleil d'automne, le brouillard monte du fleuve. Imra, le chef des pêcheurs, remonte ses cuissardes et couvre ses vêtements d'un épais tablier. Ses hommes poussent à l'eau une barque qui disparaît sous une montagne de filet. Un des pêcheurs maintient solidement une des extrémités du filet sur la berge. La barque s'éloigne vers la rive opposée en déroulant le filet comme une énorme pelote de laine. Bientôt, on ne voit plus que les petits flotteurs blancs à la surface. Imra et Frédéric, le cameraman, suivent la scène depuis une barque plus petite. Imra frappe l'eau de son aviron pour rabattre les poissons vers le filet. Lorsque le filet est complètement déroulé, la barque décrit un large cercle et revient à son point de départ. Les pêcheurs sautent à terre. Enfoncés dans la boue jusqu'au mollet, ils halent le lourd filet de tout leur corps. Peu à peu, la poche se rétrécit. L'eau est agitée de gros remous argentés. Carpes ventrues, poissons-chats, brochets, tanches aux écailles de velours, des centaines de poissons tentent de rejoindre l'eau libre. Les pêcheurs plongent leurs épuisettes dans cette mare de poissons. Une carpe lippue happe désespérément l'air. Seigneur pris au piège, un brochet a les ouïes empêtrées dans les mailles du filet. Un grand héron gris se pose près d'eux pour chaparder un gardon. Les pêcheurs sont contents : 50 kg de poissons !

Pourtant Imra fait la moue. Il pense à son père qui en rapportait plus de 400 kg à chaque pêche… "Peut-être qu'un jour il n'y aura plus de pêcheurs sur le Danube", dit-il, pensif. La pêche professionnelle ne sera bientôt plus qu'un souvenir, comme ailleurs en Europe. Imra retrouve vite le sourire. Il est heureux de montrer ses talents de cuisinier. Pendant que ses hommes allument le feu, il puise de l'eau dans le fleuve avec un énorme chaudron et prépare les plus beaux poissons. Puis il les plonge dans l'eau frémissante. Solennellement, il ajoute trois énormes cuillerées de paprika : "Sans paprika, pas de bonne cuisine en Hongrie". Il hume le fumet, puis décroche la marmite brûlante. Un régal ! Normal, cela fait deux ans qu'Imra gagne le concours de la meilleure soupe de poissons !

Y a-t-il beaucoup d'Imra sur le Rhin, le Rhône ou la Seine, qui puissent nous régaler d'une soupe de poissons mijotée dans l'eau même du fleuve où ils ont grandi ?

Dans les bras du Danube qui serpentent dans la forêt hongroise, les pêcheurs tendent leur filet, comme jadis.
Cette région est préservée, et le fleuve est encore riche et bien vivant.

Dans les pays de l'Est, la vie paysanne rappelle un peu l'époque de nos grands-parents.

La plupart des habitants des pays de l'Est sont encore paysans. Sur les rives du Danube, on garde ses moutons, on file la laine, on ramasse le bois pour le feu et on puise l'eau au puits, car il n'y a pas toujours l'eau courante.

Le fleuve et l'homme sont de vieux compagnons. Le fleuve a façonné la plaine, et l'homme a pu s'y installer. Le fleuve la nourrit de ses alluvions, et l'homme cultive cette terre fertile où l'eau ne manque jamais.

La plaine du Danube est la plus vaste et la plus riche d'Europe. Elle est large comme une mer. Quoi d'étonnant ? Il y a neuf millions d'années, la Hongrie, la Serbie, la Croatie et la Roumanie étaient recouvertes par la mer Pannonienne. Lorsqu'elle s'est retirée, il y a cinq millions d'années, le Danube a pris sa place et s'est étalé. Jusqu'au début de ce siècle, cette immense plaine fertile fut le grenier à blé de l'Europe.

Dans les campagnes des pays d'Europe de l'Est, la vie semble s'être arrêtée à cette époque. Il n'y a pas d'autoroutes, pas de voitures, pas de trains, mais des carrioles tirées par des bœufs. La plupart des habitants de ces pays sont encore des paysans. Les tracteurs n'ont pas encore remplacé les chevaux et les travaux des champs se font encore à la main. Bien souvent, il n'y a pas d'eau courante, les gens doivent puiser l'eau dans des puits, alimentés par les nappes souterraines du Danube. Ils vivent au rythme des saisons. La chaleur torride de l'été rend les moissons particulièrement pénibles, mais tout le monde s'entraide, comme jadis chez nous. "L'hiver est terrible, nous confie Irina, une paysanne hongroise. Chacun doit ramasser son bois pour la cheminée, car il n'y a pas de chauffage central. Ce n'est pas comme à Budapest."

Budapest, capitale de la Hongrie, est la plus grande cité sur le fleuve. Les Européens de l'Ouest qui la visitent découvrent, émerveillés, une ville dont l'architecture n'a rien à envier à Vienne ou à Paris. Il n'y a pas si longtemps, les villes de l'Est étaient aussi riches et belles que les capitales occidentales, comme en témoignent leurs palais et leurs cathédrales. Mais l'histoire du Danube est longue et mouvementée…

Ces étranges statues de pierre à tête humaine et corps de poisson ont été sculptées il y a 7000 ans par les pêcheurs de Lepensky Vir qui honoraient ainsi leur dieu, le Danube.

La première civilisation d'Europe est née il y a plus de sept mille ans à Lepensky Vir, au cœur du défilé des Portes de Fer. Ce défilé de 150 km de long et 165 m de large, le Danube l'a percé dans la montagne des Carpates il y a trois millions d'années. Tandis qu'ailleurs, l'homme sort à peine de l'âge des cavernes, les chasseurs de Lepensky Vir bâtissent déjà de vraies maisons. Ils sculptent d'étranges statues à tête humaine et corps de poisson en l'honneur de leur dieu : le Danube. Cette civilisation très avancée dure trois mille ans, mais elle ne résiste pas aux invasions successives des guerriers venus d'Asie. La grande plaine danubienne fut une voie royale pour ces cavaliers qui ne rencontrèrent aucun obstacle sur leur route et envahirent toute l'Europe, semant partout la terreur.

Pendant près de deux mille ans, le Danube voit déferler ces hordes venues de l'Est. Deux millénaires de massacres,

Le Danube est un fleuve chargé d'histoire. Depuis des milliers d'années, des peuples s'affrontent pour prendre possession de ses rives. Et ce n'est pas fini…

Une croisière sur le Danube est un vrai voyage dans le temps. C'est l'occasion pour le commandant Cousteau de donner une petite leçon d'histoire à son fils Pierre-Yves.

de pillages, de misère. Au Ier siècle avant Jésus-Christ, Rome impose sa paix au sud du Danube qui devient sur toute sa longueur la frontière nord de l'Empire romain. Le long du fleuve, les Romains installent des camps, bâtissent des villes, tracent des routes. L'empereur Trajan envoie ses légions dans le défilé des Portes de Fer pour creuser un passage dans la roche. Puis son fils fait construire le premier pont au-dessus du fleuve. La civilisation est en marche.

Pendant cinq siècles, les guerriers nomades sont tenus en respect par les légions romaines. Puis l'Empire romain décline. Aux frontières, les barbares n'attendent que ça. En 450, Attila et ses Huns écrasent les Romains. Les terribles guerriers mongols feront à nouveau régner la terreur pendant des siècles ! Puis ces barbares finissent par se sédentariser quelque peu. La horde mongole des Magyars met pied à terre. Elle fonde en 850 le royaume de Hongrie.

Ce preux chevalier veille sur la cathédrale d'Ulm, en Allemagne, dont la flèche s'envole à plus de 160 m au-dessus du fleuve.

En 1990, le bloc soviétique s'effondre et le rideau de fer s'ouvre. L'Europe de l'Ouest et celle de l'Est se retrouvent enfin !

En l'an 800, l'empire de Charlemagne s'étend sur presque toute l'Europe occidentale, jusqu'aux bassins du Rhin et du Haut-Danube. Charlemagne entreprend de réunir les deux fleuves par un canal. Mais c'est un travail de titan et son rêve ne deviendra réalité que mille ans plus tard ! Nous en reparlerons.

A la fin du XIe siècle, l'armée de Godefroi de Bouillon descend le Danube avec femmes et enfants pour aller délivrer le tombeau du Christ, à Jérusalem, qui était aux mains des musulmans. C'est la première croisade, neuf autres suivront, dont une croisade des enfants… qui tourna à la catastrophe, car beaucoup moururent d'épuisement en chemin.

Dès cette époque, Vienne est la frontière entre deux mondes. En amont, des cathédrales se bâtissent. En aval, on se contente de villages de bois et l'insécurité règne. Peuples sédentaires contre peuples nomades. A la fin du XIVe siècle, c'est au tour des Turcs de monter à l'assaut du Danube. Au XVIe siècle, le sultan Soliman le Magnifique parvient même jusqu'à Vienne qu'il assiège. Mais l'Europe prépare sa revanche et reprend possession du Danube, faisant de Budapest sa deuxième capitale après Vienne. Cette domination durera jusqu'à la Première Guerre mondiale.

Ainsi, au cours de son histoire, le Danube a-t-il vu déferler plus de cinquante peuples qui se sont affrontés pour posséder ses berges et fonder des royaumes aussi brillants qu'éphémères. Et l'histoire est toujours en marche. En 1989, le mur de Berlin tombe. En 1990, le puissant bloc soviétique qui dominait les pays de l'Est, de la Sibérie au Danube, s'effondre. L'Europe retrouve soudain sa moitié est, qu'elle avait presque oubliée.

L'équipe Cousteau est partie à la découverte de cette Europe retrouvée. Mais ces pays et ces peuples brusquement libérés ont vite repris leurs vieilles querelles. Ainsi, la guerre nous a surpris en Yougoslavie alors que nous explorions les rivières et les lacs souterrains de ce magnifique pays. Aujourd'hui, la Yougoslavie n'existe plus, elle a éclaté en cinq Etats.

Au début de notre expédition, le Danube traversait huit pays. Ils sont neuf aujourd'hui et quatre ont changé de nom ! Le fleuve lui-même est l'enjeu d'un conflit : les Slovaques ont détourné l'eau du Danube pour alimenter un barrage géant, au désespoir des Hongrois…

Ci-contre :
Les soldats de l'ex-bloc soviétique s'en vont, mais les peuples libérés retrouvent vite leurs vieilles querelles.

En haut à gauche :
Depuis le Moyen Âge, à Ulm, en Allemagne, un carnaval se déroule sur le fleuve. Les habitants ont pris l'habitude de dénoncer avec humour certains scandales comme la chasse à la baleine.

En haut à droite :
A Budapest, capitale de la Hongrie, le bateau de l'Équipe Cousteau passe devant le parlement, symbole de la démocratie retrouvée.

22 Moby ist in Not
2

UIC

EMPRISONNÉ

Au-dessous de notre hélicoptère, le Danube s'étale dans la plaine hongro-slovaque. Il y a neuf millions d'années, il se jetait ici, dans la mer Pannonienne, aujourd'hui disparue, à quelque 1 800 km de son delta actuel en mer Noire ! L'ancien delta a gardé des traces de sa gloire passée : une confortable largeur et d'innombrables bras qui serpentent entre les saules et les peupliers. "C'est un manteau de velours vert brodé de ruban d'argent, un manteau royal !", s'exclame le commandant Cousteau.

La plaine alluviale est le royaume du roi Danube, les hérons et les aigrettes sont ses sujets. Mais l'homme est venu perturber cette belle harmonie naturelle. Les Slovaques viennent d'achever un gigantesque barrage à Gabcikovo pour produire de l'électricité. Pour remplir ce barrage, ils ont détourné le Danube qui n'est plus à cet endroit qu'un petit cours d'eau. La forêt, les marais et toute la plaine alluviale se sont asséchés.

Dès le siècle dernier, les hommes ont endigué le fleuve pour lutter contre les crues et faciliter la navigation. Mais ces digues ont été édifiées assez loin du fleuve, et il lui reste assez de place pour prendre ses aises. C'est avec la construction des barrages que les ennuis ont vraiment commencé.

En amont de Vienne, on en a construit douze. Depuis qu'ils sont là, le fleuve n'est plus le même. Avant, le Danube était puissant. Il transportait des tonnes de vase et de sable qu'il déposait régulièrement dans son lit. Il y avait un bel équilibre entre la force du fleuve et les matériaux qu'il transportait. Mais les barrages retiennent les sédiments.

En aval, le fleuve s'efforce de retrouver la charge de sables et de petits galets nécessaire à son équilibre. Pour cela, il creuse son lit et s'enfonce dans le sol. En aval du dernier barrage autrichien, le Danube s'est enfoncé de 1,5 m en dix ans. Le niveau de l'eau souterraine dans toute la région a baissé en même temps que lui. Résultat : les champs se sont asséchés et les puits se sont taris.

Les saules et les peupliers meurent, car leurs racines n'arrivent plus à atteindre la nappe d'eau souterraine. Pour faire remonter le niveau de l'eau, les ingénieurs veulent construire un nouveau barrage en aval.

Mais que se passera-t-il en aval de ce barrage ? Le fleuve va s'enfoncer. Faudra-t-il construire ainsi des barrages tout le long du Danube ?

Pour utiliser sa formidable puissance, les hommes ont asservi le fleuve.

C'est à croire que l'homme ne peut supporter le fleuve tel qu'il est, avec ses excès, ses frasques, sa fantaisie. Il n'a de cesse de l'endiguer pour modérer les effets des crues ; de le canaliser pour le rendre navigable ; de le barrer pour produire de l'électricité. Les animaux, comme ce héron, sont incapables de s'adapter à un tel bouleversement. Pour l'homme aussi, c'est souvent un désastre...

"Danube, nous allons te vaincre !", hurle l'ingénieur en chef. Sur son ordre, de gigantesques blocs de béton poussés par des bulldozers basculent dans le fleuve... Ainsi commence la construction du barrage de Djerdap, un des plus grands du monde, au cœur du défilé des Portes de Fer. Au pied de la montagne, le fleuve fait plusieurs kilomètres de large. Il est au maximum de sa puissance, car il vient de recevoir le renfort de ses plus gros affluents : la Drave, la Save et la Tizsa. Cet étroit défilé est l'endroit idéal pour barrer le fleuve et utiliser sa formidable puissance pour faire de l'électricité. Deux pays, la Roumanie et la Yougoslavie, se partagent cette électricité pour faire fonctionner leur industrie.

Mais le barrage retient les sédiments et, 900 km en aval, le delta ne reçoit plus les matériaux dont il a besoin pour lutter contre la mer. Le delta doit se défendre un peu comme un château de sable qu'il faut consolider sans cesse lorsque la mer monte. Le fragile équilibre est rompu : la mer arrache chaque année 100 hectares de terre au delta...

“Ils ont fermé le barrage et j’ai vu l’eau du Danube entrer dans ma maison.”

L'ensemble de la vie aquatique est perturbée. Par exemple, le barrage géant a barré la route aux esturgeons, ces grands poissons dont les œufs sont connus sous le nom de caviar. Avant, ils remontaient le Danube jusqu'en Hongrie pour se reproduire. En amont du barrage, le niveau du Danube est monté de 35 m. Tous les villages au bord du fleuve ont été noyés. Les habitants ont tout perdu ! Lorsque le niveau baisse dans le barrage, les vestiges des maisons apparaissent. "Ma maison était là, nous dit Miliana en montrant du doigt les murs qui émergent du lac. Nous avions un jardin et des cerisiers. Un jour "ils" sont venus nous dire de prendre nos affaires et de partir. Et puis, ils ont fermé le barrage et j'ai vu l'eau du Danube monter, noyer mon jardin et entrer dans la maison. Il y avait la table qui flottait… Puis le toit est tombé. Et j'ai pleuré." Aujourd'hui, Miliana habite un grand immeuble déjà délabré parce qu'il a été construit trop vite. De sa fenêtre, elle peut voir au loin les ruines de son village. Elle n'est pas la seule : 22 400 personnes ont été déplacées à cause du barrage.

Tout au long du Danube, nous rencontrerons des gens comme Miliana qui ont vu pousser des usines, des barrages, des murs de béton dans leur jardin, sans qu'on leur demande leur avis, au nom du progrès.

Chassés de chez eux, les habitants du village noyé par les eaux du barrage ont été relogés dans des immeubles construits à la hâte qui sont déjà délabrés.

L’équipe parcourt en Zodiac les restes du village englouti qui apparaissent lorsque le niveau baisse. Les gens qui vivaient ici ont été obligés de partir.

EMPOISONNÉ

Dans les pays de l'Est, les usines sont souvent très vieilles et très polluantes. Il fallait produire à tout prix. Tant pis si les produits ne servaient à rien ! Tant pis si les usines empoisonnaient l'air et l'eau ! L'Équipe Cousteau en a visité beaucoup. Les plus délabrées se trouvent en Roumanie, un pays très pauvre. A Copca Mica, au cœur de la montagne des Carpates, deux très vieilles usines vomissent des milliers de tonnes de poussières, de gaz toxiques et d'eau polluée. Les maisons des ouvriers sont juste à côté des usines. La poussière noircit les toits, les murs, les légumes du jardin, le linge qui sèche et même les moutons ! La pluie fait retomber la pollution sur les champs de la région et les récoltes sont de plus en plus mauvaises. Les enfants ne parviennent pas à se laver tant la suie grasse colle à la peau. "Après la visite de l'usine, raconte Grégoire Koulbanis, le géographe de l'Équipe, je me suis savonné pendant une demi-heure sous la douche sans réussir à me nettoyer."

Un masque sur le nez et les yeux rouges à cause de la pollution, Michel Bonnard, notre médecin, examine Andreï, un ouvrier d'une usine roumaine d'engrais chimiques, à Tumu Magurele, sur le bord du Danube. "Cela fait dix ans que je travaille ici, raconte Andreï. La première année, tout allait bien. Puis j'ai commencé à tousser et maintenant j'ai du mal à respirer. Je ne peux pas changer de travail, je ne sais rien faire d'autre. Et puis où aller ?"

"Que faites-vous des tonnes d'engrais que l'usine produit ?", demande notre médecin. "Autrefois, répond Andreï, nous les exportions en Europe de l'Ouest, mais ils sont devenus si chers à fabriquer que personne n'en veut plus ! Alors ils sont donnés aux paysans. Mais comme cela ne leur coûte rien, ils en mettent beaucoup trop sur leurs champs. Les eaux de pluie entraînent l'engrais non utilisé vers le Danube." Ces engrais stimulent le développement des algues. Elles prolifèrent et consomment l'oxygène de l'eau. Les poissons meurent asphyxiés.

L'usine de Copca Mica, en Roumanie, produit du noir de fumée qui sert à fabriquer le caoutchouc. Elle crache des tonnes de poussière grasse qui recouvre tout : maisons, jardins, animaux et bien sûr aussi les gens qui vivent juste à côté.

Les Bulgares ont hérité d'une centrale nucléaire en piteux état. Elle est dangereuse, mais ils n'ont pas les moyens de l'entretenir.

"J'ai peur pour mes enfants", nous confie Snejana qui travaille à la centrale.

Les pays de l'Est ne sont pas les seuls à polluer le Danube. En Allemagne, par exemple, des usines de pâte à papier déversent directement leurs déchets toxiques dans le fleuve. Les eaux polluées se retrouvent jusque dans la mer Noire, 2 400 km plus loin. La pollution ne connaît pas de frontières !

De nombreuses centrales nucléaires des pays de l'Est sont aussi en très mauvais état. Nous avons visité la centrale bulgare de Kozloduy, sur le Danube. Elle est considérée comme la plus dangereuse du monde. Ce sont les Russes qui l'ont construite. Bien mal, d'ailleurs. Ils avaient promis de l'entretenir, mais aujourd'hui, ils sont partis et les Bulgares se retrouvent avec une centrale délabrée sur les bras.

"Les systèmes de sécurité ne fonctionnent pas car ils ne sont pas entretenus", explique le spécialiste qui nous accompagne. "C'est vrai, avoue le Premier ministre bulgare au commandant Cousteau. Nous avons fait passer la production d'électricité avant la sécurité." La centrale est refroidie par les eaux du Danube. En cas d'accident, le fleuve serait contaminé jusqu'à la mer Noire. Plus grave : elle menace les gens qui vivent autour, et même toute l'Europe ! Mais les Bulgares ne veulent pas l'arrêter, car elle fournit 40% de l'électricité du pays.

"J'ai peur pour mes enfants, avoue Snejana, une jeune femme qui travaille à la centrale. Dès que je peux, je me sauve d'ici et je cherche du travail ailleurs, car s'il y a un accident, ni moi ni personne ne pourra rien faire. Il faut fermer la centrale avant qu'il y ait un accident grave ! Il faut que les pays riches d'Europe nous aident."

Les Russes refusent de rapatrier les déchets radioactifs hautement toxiques qui s'accumulent dans la centrale. Personne n'est capable aujourd'hui de retraiter les énormes quantités de déchets produits dans l'ensemble des centrales nucléaires du monde. Ces déchets resteront toxiques pendant des centaines, voire des milliers d'années. Qui va payer pour les stocker en sécurité ? Qui va les surveiller pendant tout ce temps ? Quel cadeau empoisonné pour les générations futures !

Les ouvriers qui travaillent dans ces horribles usines voudraient bien s'en aller.
Mais ils n'ont aucun endroit où aller.

Ci-contre, l'Équipe Cousteau visite la centrale nucléaire de Kozloduy, en Bulgarie. Il faudrait l'arrêter définitivement et aider les Bulgares à faire des économies d'énergie.

100 ГОДИНИ
БОЛНИЦА
НИКОПОЛ
100 ГОДИНИ
БОЛНИЦА
НИКОПОЛ

Sous nos yeux, la berge s'effondre et entraîne les maisons qui basculent dans le fleuve.

Quelques jours plus tard, alors que nous prenons le petit déjeuner dans le carré de notre brise-glace, le *Jegtörö*, la radio du bord crépite : "*Jegtörö*, *Jegtörö*, m'entendez-vous ?" C'est Anne-Marie, la photographe, qui nous appelle depuis l'hélicoptère. "Un cargo vient de se mettre en travers dans un bras du Danube. Dépêchez-vous, il coule ! " En quelques minutes, les Zodiacs sont à l'eau et nous fonçons vers le lieu de l'accident.

Le *Rostock*, un énorme cargo russe chargé de ferraille, barre complètement le bras principal du Danube. Il s'est couché sur le côté. L'équipage a pu quitter le navire. La poupe est presque dans le petit village de Partizani qui borde le fleuve et la proue est plantée dans la rive opposée.

L'eau bouillonne, monte, force le passage en attaquant la berge. Nous sommes secoués par les vagues violentes qui submergent l'étrave. Nous passons de justesse sous les haubans du cargo que le courant fait vibrer comme des cordes de violon. Rien n'arrête le Danube. La berge meuble s'effondre par paquets de plusieurs tonnes.

Sur la rive droite, il y a les jolies maisons du village. C'est de ce côté que l'on s'empresse de consolider la berge. Rive gauche, les maisons sont beaucoup plus modestes. Faute de temps et de moyens, elles seront sacrifiées. Impuissants, les paysans assistent au désastre. Le flot gagne du terrain à vue d'œil. Le bouquet de saules, la rangée de peupliers, le petit champ de maïs et bientôt la grange sont dévorés. Une vieille femme se précipite pour retenir sa maison. Geste dérisoire. Ses fils l'emmènent au loin. L'instant d'après, la maison bascule et le toit part à la dérive.

Heureusement, il n'y a pas de victimes. Mais que se serait-il passé si le *Rostock* avait transporté du pétrole ?

Le chef-plongeur Bertrand Sion et le scientifique Denis Ody (ci-contre) sont venus observer le *Rostock* en Zodiac. L'épave est presque submergée et seule la passerelle émerge.
Les maisons s'écroulent dans le fleuve en quelques secondes (ci-dessus).

Un cargo russe, le *Rostock*, se couche
en travers d'un bras du Danube (ci-contre),
la proue plantée dans les champs
et la poupe dans le village de Partizani.
Le fleuve, un instant contenu, submerge
l'épave et ronge les berges qui s'effondrent.
Les habitants assistent impuissants au désastre.

Les esturgeons ont disparu, mais les pêcheurs du delta n'ont pas perdu espoir.

Il pleut sur la mer Noire. On ne distingue plus la mer, ni le ciel, tant il fait gris. Radu remonte son filet. Un esturgeon. C'est mieux qu'hier. Radu empoigne les avirons : nous rentrons à Saint-Georges, minuscule port de pêche à l'embouchure du Danube. La barque est lourde, mais Radu a l'habitude. Cela fait cinquante ans qu'il pêche l'esturgeon, cinquante ans que la mer défie ses muscles et les poissons son intelligence ! Il n'a pas de moteur sur son bateau ni de sonar pour détecter les poissons. Pour les trouver, Radu lit la couleur de la mer, analyse le sens des courants et tient compte de la lune comme son père le lui a appris lorsqu'il avait sept ans.

"Les choses ont bien changé depuis cette époque, soupire Radu. Autrefois nous prenions des centaines d'esturgeons chaque année. Certains pesaient plus d'une tonne ! s'exclame-t-il en lâchant les avirons pour écarter démesurément les bras. Aujourd'hui, il n'y a presque plus rien."

Pour satisfaire le plan de production, le gouvernement roumain a construit de gros chalutiers industriels qui ont raclé le fond de la mer sans se soucier du futur. Ils capturaient même les jeunes esturgeons...

Aujourd'hui, ces bateaux devenus inutiles pourrissent à l'entrée du delta. Ils ont tout pêché. "Il n'y a même plus assez de poisson pour nous, reprend Radu. Heureusement il nous reste la pêche de l'alose, le jardin et les poules, sinon je n'aurais pas de quoi faire vivre ma famille."

Il relève la tête et sourit : "Mais nous savons être patients. Les esturgeons reviendront ! Depuis la révolution, nous sommes libres, nous avons notre destin en main." Radu veut croire que les pêcheurs gèreront les populations d'esturgeons avec plus de sagesse que ne l'a fait l'Etat.

Ce soir c'est Pâques, une fête religieuse que la dictature communiste interdisait formellement. Pour la première fois depuis trente-cinq ans, tout le village, croyants et athées réunis, va célébrer comme jamais cette grande fête du renouveau et de l'espoir.

Les grands chalutiers (page de gauche) qui ont vidé la mer sont à la casse. Radu, le pêcheur que nous avons accompagné, espère que les esturgeons reviendront, comme avant...

En Roumanie, toutes les fêtes religieuses étaient interdites depuis trente-cinq ans. Mais la dictature est tombée et cette année tout le monde célèbre Pâques avec ferveur. Les enfants ont même la permission de faire toutes les bêtises qu'ils veulent !

SF.CUV.SAMSON

MILLE SOURCES

Où est la source du Danube ? "Chez moi !" déclare Maria en nous montrant le petit ruisseau qui coule au pied de sa maison. "Pas du tout, réplique l'archiviste du château de la noble famille des Fürstenberg, à Donaueschingen, 40 km plus bas. Voici la source officielle du Danube", assure-t-il en montrant un joli bassin d'eau claire. Pourtant, le bassin se déverse par un petit tuyau dans la rivière Brigach, elle-même affluent de la Breg, qui naît au pied de la maison de Maria. Mais qu'importe ! Le Danube a mille sources, comme tous les fleuves : chacun des petits filets d'eau qui dégringolent de toutes les montagnes qui cernent le bassin du Danube appelé le bassin versant. Le souffle court, les plongeurs ont escaladé les montagnes de Tchécoslovaquie, avec bouteilles de plongée et caméras sur le dos, pour accéder à un lac aux eaux cristallines qui est une des sources du Danube !

Ils se sont aussi aventurés dans les entrailles de la terre. Ils ont zigzagué en scooter sous-marin entre les magnifiques draperies de pierre des grottes d'Isverna, en Roumanie. Car l'eau du Danube, ce n'est pas simplement celle que l'on voit en surface, c'est aussi l'eau souterraine, celle des nappes phréatiques, celle qui s'infiltre dans les berges, celle qui imbibe le sol comme une éponge. Plus de la moitié de l'eau d'un fleuve coule sous terre, invisible !

Les plongeurs ont crapahuté jusqu'au sommet des montagnes à la recherche des mille sources d'eau pure qui alimentent le fleuve. Ils se sont aussi aventurés dans les entrailles de la terre où se cache un Danube plus gros que celui qui coule en surface...

La source officielle du Danube est un joli bassin dans le parc...

… du château des Fürstenberg, à Donaueschingen, en Allemagne

Dans la lumière des projecteurs apparaît un amphibien tout blanc, sans yeux, qui ondule de tout son corps.

L'équipe de plongée crapahute sur un plateau presque désertique. Il n'y a pourtant pas d'eau ici ! Mais si ! Elle est sous terre…

Nous sommes à la recherche du plus mystérieux et du plus rare des habitants des eaux souterraines du Danube : le protée. Cet amphibien ne vit qu'ici, au cœur des montagnes de Dalmatie, dans l'ex-Yougoslavie. Suspendus au bout d'une corde, nous nous laissons glisser le long de la paroi jusqu'à un petit lac. Avec leur bouteille sur le dos, la caméra et les lampes, Bertrand et Didier ont bien du mal à tenir debout sur les cailloux boueux. Ils se coulent dans l'eau glacée et disparaissent dans un étroit tunnel. L'eau est si claire que Bertrand éclaire sans mal tous les détours du labyrinthe. Mais les coups de palmes et les bulles des plongeurs détachent du plafond et des parois une vase très fine. Derrière eux, un épais brouillard se forme…

Soudain, dans la lumière des projecteurs apparaît une sorte de longue salamandre blanche. Un protée ! Il nage en ondulant de tout son corps. Il est bientôt rejoint par un autre, puis un autre encore. Il y a en a partout ! Didier s'approche avec d'infinies précautions du plus gros, qui reste immobile. Pas étonnant ! Il n'a pas d'yeux ! Vivant dans l'obscurité complète, le protée a évolué en se débarrassant de ces accessoires inutiles. Son corps, comme celui de tous les habitants du monde souterrain, est absolument blanc, car il n'a pas besoin de pigments pour se protéger des rayons du soleil. Contrairement aux grenouilles, il garde un corps de larve toute sa vie et conserve ses branchies.

Fasciné, Didier en oublie les dangers de la grotte. Peu à peu, le nuage de vase enveloppe tout et les lampes de Bertrand n'éclairent plus qu'un brouillard jaune. Où est la sortie ? Malgré l'inquiétude qui les gagne, les plongeurs gardent leur calme et retrouvent enfin leur chemin, abandonnant les protées dans leur caverne engloutie.

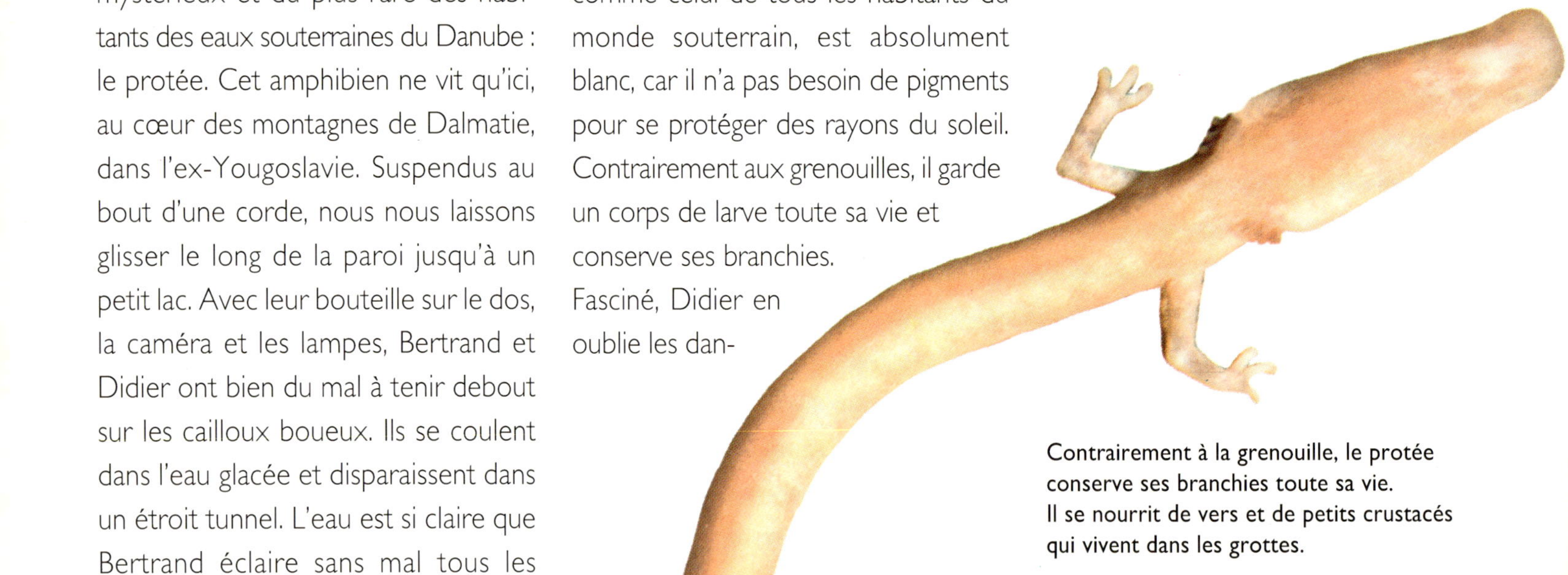

Contrairement à la grenouille, le protée conserve ses branchies toute sa vie.
Il se nourrit de vers et de petits crustacés qui vivent dans les grottes.

LES SAISONS DU DANUBE

Pris dans la glace en hiver, en crue au printemps, presque à sec à la fin de l'été, le Danube se transforme au fil des saisons.

Une douzaine d'oies tournent en rond au-dessus de nos têtes, indécises. Soudain, elles descendent en piqué pour se poser. Mais l'atterrissage se termine par une longue glissade. L'hiver a emprisonné le Danube sous une carapace de glace !

Il ne fait pourtant pas très froid en ce mois de janvier, à peine -15 °C cette nuit. Mais depuis plusieurs jours, le Danube charrie d'énormes glaçons qui cognent violemment contre la coque de notre brise-glace, le *Jegtörö*. La nuit, les chocs amplifiés par la coque métallique nous empêchent de dormir. Nous regardons défiler ces minuscules icebergs par le hublot de la cabine. Le capitaine nous a prévenus : "Tous ces glaçons vont s'accumuler dans le sud de la Hongrie où le Danube est lent et sinueux. S'il gèle un peu plus fort, ils vont se souder entre eux en une nuit, et le Danube tout entier sera pris." En 1963, ce fut terrible. Un mètre de glace ! Le fleuve était complètement paralysé.

Aujourd'hui, l'épaisseur de la glace atteint à peine 40 cm, mais c'est assez pour rendre la navigation impossible. Impossible ? Pas tout à fait. Car le *Jegtörö*, un mot qui veut dire "brise-glace" en hongrois, a été spécialement construit pour libérer le fleuve de son carcan. Lorsque nous sortons du port de Baja, en Hongrie, la glace est encore fragile, elle crisse contre la coque d'acier qui la déchire. Mais bientôt elle s'épaissit et résiste à notre avance. Le combat s'engage. Le *Jegtörö* accélère et, dans un formidable vacarme, le miroir se brise sous la pression de l'étrave. La glace craque, puis explose. On dirait des coups de canon.

Les morceaux dressent leurs arêtes tranchantes avant de retomber sur le côté. A la proue, le commandant Cousteau jubile.

Soudain, malgré nos coups de boutoir, nous sommes immobilisés. Le *Jegtörö* fait machine arrière et se lance à pleine puissance pour que la vague d'étrave soulève la glace et la brise. Peine perdue. Le capitaine met alors en route sa machine infernale : un poids de plusieurs tonnes, actionné par une crémaillère géante qui passe d'un bord à l'autre à l'intérieur de la cale du navire dans un fracas épouvantable. Le *Jegtörö* roule bord sur bord et pulvérise sans peine le rempart de glace.

Derrière nous, les oies se posent sur le Danube libéré.

Notre brise-glace mérite enfin son nom : il libère le fleuve de son carcan glacé. Le miroir brisé s'émiette dans son sillage.

JÉGTÖRŐ-XI
A.D.V.I
JÉGTÖRŐ-XI
2223

4515 VII 92

Bertrand découpe une fenêtre dans la glace et nous basculons de l'autre côté du miroir.

En Antarctique, en Alaska, au Canada, les plongeurs Cousteau se sont déjà aventurés sous la glace. Cette fois, ils s'apprêtent à explorer un lac alimenté par les eaux souterraines du Danube. Nous enfilons d'abord une première combinaison en fourrure polaire appelée "souris", puis la combinaison étanche. Nous appliquons de la silicone sur les fermetures éclair pour empêcher l'eau de pénétrer. Enfin, nous remplissons d'air la combinaison grâce à un tuyau relié aux bouteilles. Ainsi avons-nous un petit matelas d'air qui nous protège du froid. Mais comment transporter le générateur et les câbles électriques, les lampes et les bouteilles, sur cette patinoire ? Raymond Amaddio, l'assistant cameraman, gonfle un Zodiac : "Voilà un excellent traîneau. Vous n'avez qu'à charger le matériel et tirer. Un peu d'exercice vous fera du bien..." Bertrand Sion, le chef plongeur, découpe à la tronçonneuse une belle fenêtre carrée dans la glace. Sans hésiter, Didier Noirot saute à l'eau et se plante dans la vase du fond ! "Attention à l'ivresse des profondeurs ! plaisante Bertrand. Il faudrait peut-être aller vers le milieu du lac si nous voulons avoir suffisamment d'eau pour nager ?"

Bertrand découpe une nouvelle fenêtre à un endroit plus propice et nous basculons de l'autre côté du miroir. Malgré nos combinaisons étanches, le froid nous saisit brutalement. Mais nous oublions vite sa terrible morsure sur les doigts et les lèvres, tant la perspective qui s'offre à nos yeux est étonnante. L'eau est si limpide que l'on croirait qu'il n'y en a pas. Visibilité 50 m. En mer, on a rarement plus de 30 m. Jean-François Jammes, qui porte les lampes, semble accroché dans le vide. Son pinceau de lumière fait naître un brochet qui disparaît aussitôt dans la nuit. Fascinés, nous nous laissons entraîner. Nous le retrouvons vite, car la végétation est bien maigre en hiver et il y a peu d'endroits où se cacher. Il se réfugie derrière un gros tronc d'arbre. Soudain, le fond semble se soulever. C'est une grosse carpe-miroir qui se dégage lentement. Elle passe l'hiver enfouie dans la vase. Elle ne recommencera à se nourrir qu'au printemps. Nos bulles qui s'écrasent contre le plafond bleuté nous rappellent que nous sommes prisonniers et qu'il nous faudra retrouver le minuscule trou par lequel nous sommes entrés... Mais à cet instant la réalité n'a pas d'importance ; nous sommes dans un monde imaginaire où les bulles sont des gouttes de mercure qui roulent sur un miroir. C'est le monde à l'envers.

En eau froide, les plongeurs portent des combinaisons étanches. Mais cela ne les met pas à l'abri de la morsure du froid : en sortant, le nez sera rouge et les lèvres bleues !

L'air est plus léger ce matin. L'hiver s'achève dans la forêt alluviale du Gemenc, au sud de la Hongrie. En ce début du mois de mars, le Danube est bien bas après plusieurs mois sans pluie, et la neige n'a pas encore fondu dans les montagnes. Nous allons explorer une des dernières grandes forêts alluviales d'Europe. Ces grandes forêts, régulièrement inondées, ont complètement disparu chez nous.

Sur les conseils de notre guide Barni, nous établissons notre campement 7 m au-dessus du niveau du Danube. Nous serons ainsi à l'abri d'une éventuelle montée des eaux. Nous faisons glisser le Zodiac sur la pente abrupte comme une luge, jusqu'au bras que nous voulons explorer. Et nos ennuis commencent. Il y a trop d'eau pour marcher et pas assez pour naviguer ! A plusieurs reprises nous devons tirer notre embarcation, les pieds dans la vase collante, pour passer entre les îlots couverts de saules. Et quels saules ! Têtes noueuses creusées d'orbites vides et larges gueules grimaçantes. Dans le brouillard, on dirait de vieux soldats qui défendent leur territoire attaqué par le fleuve. Les saules bâtissent des îles en fixant la terre avec leurs racines, mais parfois, lorsqu'il est en crue, le Danube reprend d'un seul coup tout le terrain perdu.

A la fin du printemps, la neige fond dans les Alpes et la pluie détrempe les collines de la Forêt-Noire, en Allemagne. De partout l'eau ruisselle vers le Danube qui reprend force. Il enfle et se trouve vite à l'étroit dans son lit canalisé. Les douze barrages qui jalonnent le fleuve en amont de Vienne retiennent un moment ses eaux, mais cette année il a plu énormément et la crue est d'une ampleur exceptionnelle. Le Danube submerge les routes, passe par-dessus les ponts, envahit la ville de Melk en amont de Vienne. Il entre dans les maisons imprudemment construites sur son ancien territoire que l'homme croyait lui avoir pris pour toujours…

Les habitants de Melk n'en reviennent pas. Ils ont certes l'habitude de voir le Danube s'aventurer hors de son lit, mais de là à l'accueillir dans les rues de la ville en plein mois d'août !

En cette saison, les crues de printemps devraient être finies depuis longtemps. Une équipe part en Zodiac faire une reconnaissance en ville. Il y a 80 cm d'eau dans les rues. Nous pagayons pour ne pas faire de vagues. L'eau a monté en quelques heures. Les habitants n'ont pas vu ça depuis 1954. Ils ont essayé d'entasser des sacs de sable devant chez eux, mais l'eau s'infiltre partout. Nous raccompagnons chez elle une famille partie en bottes faire ses courses et qui rentre à la maison par la fenêtre. Puis le flot continue son chemin. L'énorme vague entre en Slovaquie, puis en Hongrie, inondant au passage Budapest. Elle dévale la plaine et trouve enfin une terre pour l'accueillir : la grande forêt alluviale du Gemenc et du Kopacki Rit. Le Danube s'étale alors dans la plaine, entre les arbres. Les bras morts, les mares et les étangs retrouvent enfin de l'eau fraîche.

L'équipe arrive en Zodiac jusqu'à une station-service de la ville de Melk, inondée en plein mois d'août.

A un bon kilomètre du lit principal du Danube, Frédéric Labourasse filme la montée des eaux dans la forêt tandis qu'Yves Zlotnicka, l'ingénieur du son, enregistre le doux murmure de l'eau et le gazouillis des oiseaux.

C'est le printemps.
En Zodiac, nous accompagnons le Danube
qui envahit la forêt et s'étale dans la prairie.

La guifette est un petit oiseau migrateur qui revient avec le printemps. Elle a fort à faire pour rassasier ses petits. Heureusement, c'est une habile pêcheuse et le menu fretin abonde dans la prairie inondée.

A droite, le biologiste fait trempette...

En Zodiac, nous accompagnons l'eau qui envahit la forêt. Nous naviguons entre les arbres à hauteur du feuillage qui nous fouette le visage. Soudain nous quittons l'ombre de la forêt pour foncer dans la prairie, elle aussi inondée. Nous glissons comme dans un rêve sur une mer de fleurs. La vague de notre étrave fait onduler les milliers de corolles d'or. François Sarano ne résiste pas. Il se jette à l'eau pour nager parmi les fleurs. Oiseaux pêcheurs, cormorans, hérons de toutes sortes, cigognes, aigles-pêcheurs, habitent la plaine alluviale. Plus de 270 espèces y vivent et la moitié y font leur nid, comme la cigogne noire. Les oiseaux attendent avec impatience que le Danube se retire. Il laisse derrière lui des petites mares dans lesquelles les poissons restent prisonniers. Il n'y a plus qu'à se baisser pour faire bombance... L'inondation printanière est nécessaire. Elle fertilise les sols en déposant les sédiments du fleuve. La forêt et la prairie de la plaine alluviale se nourrissent de ces alluvions. En s'infiltrant dans le sol, l'eau se débarrasse de toutes ses impuretés avant de rejoindre la nappe phréatique.

La forêt inondée est aussi un refuge. Les poissons s'y mettent à l'abri du courant. Lorsque l'eau baisse, ils restent dans les bras secondaires pour s'y reproduire. Les alevins y trouvent en abondance insectes, vers et petits crustacés. Bien à l'abri dans ses eaux calmes, ils grossiront vite avant de retourner affronter le courant du Danube. Les inondations, c'est la vie !

Les citadins considèrent la crue comme une calamité. Ils ont oublié qu'elle est vitale pour le fleuve et la plaine alluviale.

Camouflé dans les roseaux, le brochet est à l'affût, toutes nageoires frémissantes.

Le Danube regagne son lit, laissant dans sa plaine alluviale des étangs grouillants de poissons. Sous l'eau, une forêt vierge a remplacé la maigre végétation hivernale. Nos scaphandres s'empêtrent dans les tiges des longues herbes vertes. Une carpe fouille le fond, libérant de grosses bulles qui montent vers un banc de petits gardons, presque invisibles dans le miroitement de la surface. Bertrand dirige ses lampes vers un brochet camouflé dans les roseaux. Il semble endormi, le corps incliné vers le fond. Soudain, les gardons se rassemblent. Le chasseur a changé de position. Corps incliné vers la surface, il est à l'affût, toutes nageoires frémissantes. Le brochet choisit sa victime et attaque. En un éclair, il fonce sur le banc de gardons qui s'égaille… puis regagne les roseaux, sa proie entre les dents.

On nous a signalé la présence de très gros silures (sorte de poissons-chats) dans un étang à 15 km du Danube. En route ! Pas facile de nager dans cette eau encombrée d'herbes aquatiques. D'autant que nous devons avancer en regardant en l'air pour repérer les silures. Ils passent des heures immobiles, la tête affleurant la surface. En voilà un ! Il est très impressionnant, avec sa grosse tête aplatie, ses grandes moustaches et ses petits yeux exorbités. Mais il est aussi très méfiant : le temps d'écarter le rideau d'herbes pour la caméra, et il a disparu.
Août. Le soleil réchauffe l'eau des étangs. Lumière, chaleur et sels nutritifs, voici le cocktail idéal pour que la vie explose dans les eaux dormantes. Les algues microscopiques se multiplient par millions. L'eau vire au vert foncé… inutile de mettre un masque sous l'eau, on n'y voit que du vert ! Nous reviendrons lorsque les premiers froids d'automne auront stoppé le développement des algues microscopiques et rendu à l'eau sa clarté. Les étangs aussi attendent l'automne et ses premières pluies. Sans l'appoint des eaux souterraines du Danube, ils seraient à sec. En effet, même au plus fort de l'étiage (le niveau le plus bas), le fleuve n'abandonne jamais ses bras morts ni les étangs, même lorsqu'ils sont à des kilomètres. Il garde avec eux un lien invisible mais vital : la nappe phréatique. Ce n'est pas un réservoir, mais la terre gorgée d'eau. Grâce à elle, des échanges d'eau souterrains ont lieu entre le fleuve, ses bras morts et les étangs.
Ces échanges souterrains se font lentement. Ils modèrent les variations brusques du niveau du fleuve. Au cours de ce mouvement de va-et-vient, la terre et les racines des arbres agissent comme un filtre. La plaine alluviale joue gratuitement le rôle de station d'épuration…

**Le sterlet (ci-contre) est la seule des sept espèces d'esturgeons à vivre toute l'année dans le Danube.
Le brochet (à droite) qui n'a jamais vu de plongeurs se laisse aisément approcher.**

IL EST ENCORE

TEMPS !

Un grand canal pour relier le Rhin au Danube, mais à quoi sert-il ?

Debout à la proue du Zodiac, le commandant Cousteau est pensif. Il vient de remonter le Rhin, véritable autoroute à péniches. Il arrive sur le Main. Sous ses yeux, on achève de construire le canal qui va permettre aux bateaux de passer de la mer du Nord à la mer Noire. Le rêve de Charlemagne est enfin réalisé... Les bateaux remonteront le Rhin à partir de Rotterdam, aux Pays-Bas, jusqu'à l'embouchure du Main, en Allemagne. Ils emprunteront ensuite le nouveau canal qui relie le Main au Danube, puis ils descendront le fleuve jusqu'à la mer Noire. Trois semaines pour passer d'une mer à l'autre.

"Qui aujourd'hui veut aller de la mer du Nord à la mer Noire ?", demande le commandant Cousteau. "Personne ! lui répond le directeur du port de Duisbourg, sur le Rhin, qui est le plus grand port fluvial du monde. Il y a cinquante écluses, c'est beaucoup trop. Il est tellement plus rapide et moins cher de faire le tour par la mer Méditerranée ! De plus, le transport fluvial entre pays de l'Ouest et de l'Est restera vraisemblablement limité."

"Tout ces travaux pour rien !" s'étonne Cousteau. Dire qu'il a fallu faire passer l'eau par-dessus une colline et détruire une des plus belles vallées d'Allemagne... D'autant qu'en période de basses-eaux le Danube ne permet même pas le passage des péniches qui viennent du Rhin. Elles peuvent rester bloquées des semaines en attendant que l'eau remonte.

Pour résoudre ce problème, les responsables de la navigation veulent canaliser le Danube sur toute sa longueur et régulariser son débit en construisant onze nouveaux barrages ! Adieu plaine alluviale ! Finies les crues nourricières, les étangs grouillants de poissons ! Imra n'ira plus jeter ses filets dans le Danube qui sera transformé, comme le Rhin, en un grand canal sans vie ! L'eau de la nappe phréatique, qui ne sera plus filtrée, sera vite polluée.

Cela en vaut-il vraiment la peine ? Lorsque la vie du fleuve est détruite, elle l'est à tout jamais ! Et la technologie ne peut pas toujours remplacer la nature : les hommes ne pourront jamais recréer une plaine alluviale aussi belle que le Kopacki Rit. Et aussi efficace, car elle est la plus économique des stations d'épuration, la meilleure réserve d'eau, la plus productive des piscicultures, la plus efficace des protections contre les crues !

Autre projet absurde : le barrage géant de Gabcikovo, qui doit produire de l'électricité. Les Slovaques en finissent la construction, contre l'avis des Hongrois, au risque de provoquer une guerre entre les deux pays.

"Les Slovaques consomment deux à trois fois plus d'électricité que les pays d'Europe de l'Ouest pour produire la même richesse," explique le scientifique de l'Équipe Cousteau, Denis Ody.

En Allemagne, le commandant Cousteau et le chef-plongeur Bertrand Sion examinent le tracé du canal Rhin-Main-Danube. Notre étude démontre qu'il sera bien peu utilisé. De plus, sa construction devrait être suivie d'importants travaux sur le Danube pour permettre le passage des grosses péniches. A l'Ouest comme à l'Est, les aménagements absurdes et néfastes pour l'environnement sont légion.

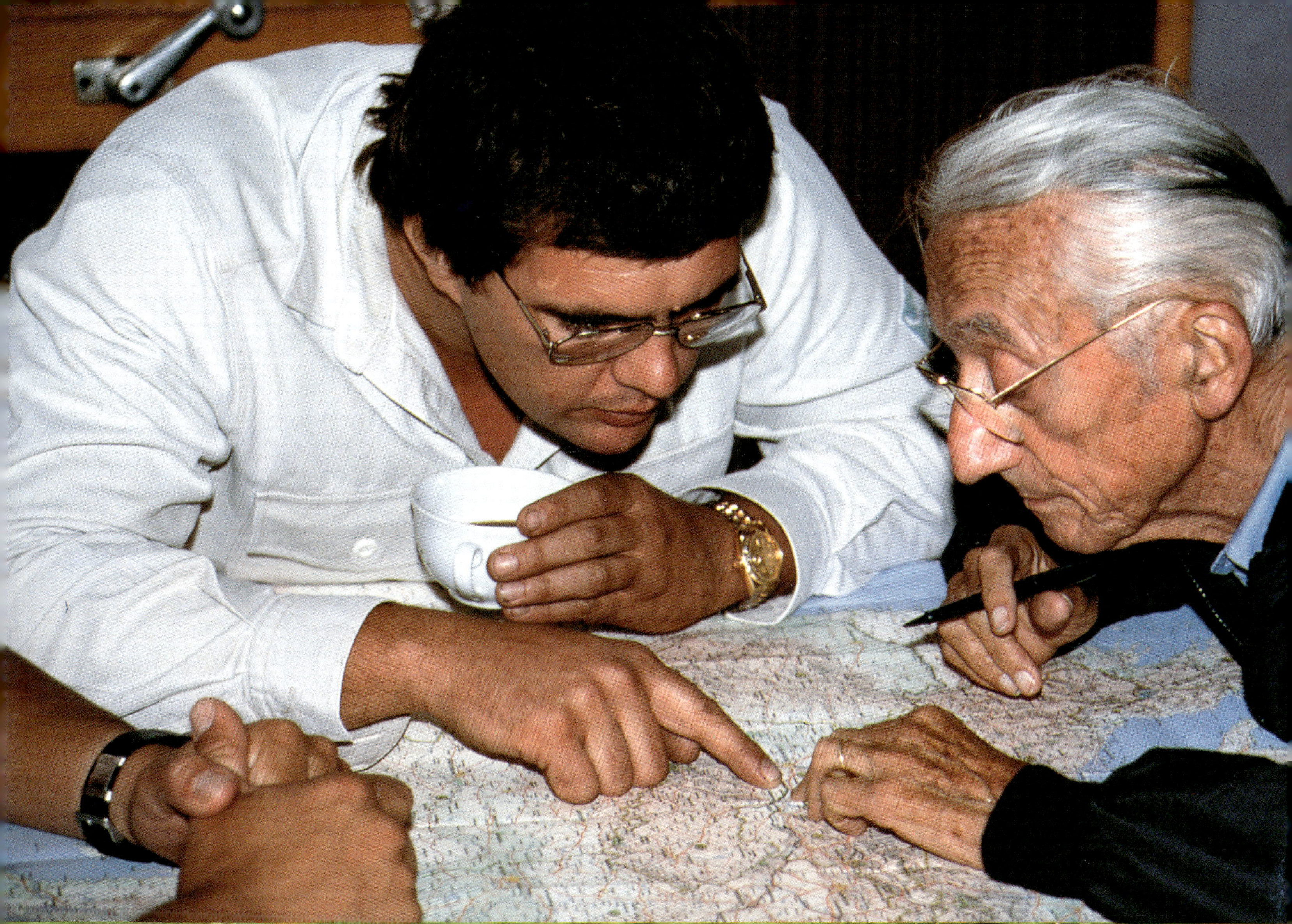

L'énergie n'est pas utilisée de manière efficace. Une des raisons est le gaspillage. Pendant l'hiver, nous avons été logés dans un immense bâtiment surchauffé, au point que nous devions dormir la fenêtre ouverte ! Avant de produire plus d'énergie, il faut faire des économies et apprendre à mieux l'utiliser. Il existe aujourd'hui des ampoules électriques qui consomment cinq fois moins d'électricité. Si les Slovaques remplaçaient toutes leurs vieilles ampoules, ils économiseraient une énergie équivalente à celle de la centrale de Gabcikovo et cela coûterait beaucoup moins cher.

Le 23 octobre 1992, les Slovaques ont décidé de mettre en eau le barrage. Ils ont détourné le Danube pour remplir l'immense canal qui mène au barrage de Gabcikovo. Le Danube est descendu de 2, 5 m au-dessous de son niveau minimum. La plaine alluviale est en partie asséchée. "Il existe d'autres solutions aux problèmes d'énergie que ce barrage, estime Bertrand Charrier, qui coordonne nos études sur le Danube. L'énergie solaire ou le gaz naturel par exemple."

Troisième sujet d'inquiétude : la centrale nucléaire bulgare de Kozloduy, qui menace toute l'Europe. Les pays d'Europe de l'Ouest, qui produisent beaucoup d'électricité, devraient en fournir aux Bulgares en attendant qu'ils puissent mettre en place un programme d'économie d'énergie. Pour l'instant, la communauté européenne n'a offert qu'un peu de charbon et a promis un peu d'électricité en cas d'urgence. C'est insuffisant pour que les Bulgares puissent se passer de l'énergie fournie par la centrale.

Le Danube est un beau fleuve qui n'a pas encore subi le sort des autres fleuves d'Europe, comme le Rhin, qui a longtemps été considéré comme une poubelle. Cette négligence coûte très cher aujourd'hui à la France et à l'Allemagne, qui ont l'intention de dépenser plus de cinq milliards de francs par an pendant quinze ans pour lui redonner un semblant de vie.

Les pays de l'Est auront-ils la sagesse de respecter leur fleuve ? C'est en prévoyant les conséquences à long terme de leurs décisions qu'ils éviteront de reproduire les erreurs commises par les pays de l'Ouest. L'Équipe Cousteau a écrit un rapport sur ses deux années de mission qui sera remis aux gouvernements de tous les pays concernés. Ce rapport propose des solutions et insiste sur la solidarité internationale, indispensable pour résoudre les problèmes de manière globale.

Le Danube traverse l'Europe sans se soucier des frontières. Les Européens doivent œuvrer ensemble pour qu'il reste un fleuve vivant.

Le Danube est encore un beau fleuve vivant. Il ne faut pas qu'il devienne une voie d'eau sans âme comme le Rhône ou le Rhin !

Lorsqu'un fleuve est aménagé, il est pratiquement impossible de revenir en arrière pour lui rendre sa liberté.

Ce n'est plus tout fait la terre, ce n'est pas encore la mer, c'est le delta du Danube : 425 000 ha de marais où l'on ne se déplace qu'à la rame. Pas d'autre bruit que le vent dans les roseaux et le chant des oiseaux. Ils sont des milliers à avoir élu domicile dans le labyrinthe des canaux : deux mille cinq cents couples de pélicans, cinq cents couples de cygnes, plus d'un million d'oies et de canards, des hérons par milliers…

Tous les projets industriels qui ont vu le jour ici ont tourné à la catastrophe, car ils étaient inadaptés à cette région. Culture intensive du maïs ou du tournesol, pisciculture géante, pêche industrielle ou fabrication de pâte à papier à partir du roseau, tout est abandonné aujourd'hui. Ces échecs ont été le salut du delta. Il vient d'être reconnu patrimoine de l'humanité. C'est-à-dire qu'il doit être protégé.

Mais plusieurs milliers de personnes y vivent, plutôt difficilement : en été, elles pêchent l'alose, un cousin du hareng qui remonte le fleuve pour se reproduire. L'hiver, elles coupent les roseaux pour faire des toits de chaume. Tout le monde élève des poules et des cochons et entretient un potager.

Aujourd'hui, les habitants du delta sont inquiets. Ils ont peur que la protection des oiseaux ne les oblige à abandonner leurs activités traditionnelles.

"Il n'y a pas que les pélicans et les hérons, il faut que nous vivions aussi, nous dit Petre. Ici, nous sommes chez nous, ma famille s'est installée dans le delta il y a plus d'un siècle. Nous ne voulons pas d'une réserve naturelle qui nous exclue ! " Petre a raison, le delta n'est rien sans ses habitants. Et ce ne sont pas leurs activités qui perturbent l'écologie de cette région.

C'est pourquoi des associations comme l'Équipe Cousteau ont réfléchi avec les Nations-unies et les Roumains pour imaginer un projet de développement du delta qui réserve une place aux hommes. Pas question, par exemple, de construire de grands hôtels qui n'apporteront rien aux pêcheurs. Il vaut mieux encourager l'accueil des touristes chez l'habitant. Ainsi, le tourisme aidera les habitants à vivre sans trop bouleverser leur mode de vie.

Mais le delta subit les conséquences des aménagements faits en amont et reçoit toutes les pollutions du fleuve depuis sa source. Tous les efforts pour le protéger seront vains si les pays riverains continuent à le saccager. Le delta est notre patrimoine commun. Nous devons le préserver pour les générations futures !

Il faut que les pêcheurs et les paysans du delta tirent parti de leur région qui est une des plus belles zones naturelles du monde. Un tourisme respectueux de l'environnement leur permettrait de mieux vivre sans renoncer à leurs activités traditionnelles. Nous pensons qu'il faut privilégier l'accueil chez l'habitant et renoncer à la construction de grands hôtels.

En haut, à droite :
Le commandant Cousteau, sa fille Diane et François Sarano étudient une photo aérienne du delta avec un spécialiste.

LE REFUGE DES PÉLICANS

Le delta se découvre du ciel. Les roselières (endroit où poussent les roseaux) s'étendent à perte de vue sous notre hélicoptère. Elles forment des écrins de velours vert autour des lacs qui brillent comme des diamants au soleil. Posées sur un de ces lacs, d'énormes fleurs blanches semblent poussées par le vent. Soudain, les corolles blanches s'envolent, grossissent à vue d'œil pour devenir des pélicans. Ces oiseaux géants à la lourde silhouette semblent sortis de la préhistoire.

En file indienne, les pélicans filent vers le nord. Leur vol semble plus lourd encore qu'à l'ordinaire. Ce sont des adultes qui rentrent de la pêche gavés de poissons. Ils vont nourrir leurs petits qui les attendent sur un lac à quelques kilomètres d'ici. Pas question d'y aller en hélicoptère, nous affolerions les nichées. De plus, nous voulons percer l'intimité de ces discrets animaux.

400 mètres de roselière séparent notre barque de la colonie. Mais ces 400 petits mètres vont se révéler presque infranchissables. Heureusement, un guide en or nous accompagne : Adrian, qui connaît le delta comme sa poche. Sans lui, nous n'aurions jamais percé le secret des pélicans... La sueur nous pique les yeux. Et ces maudits moustiques qui n'arrêtent pas de nous harceler ! Mètre par mètre, nous progressons vers le refuge des pélicans. : un grand lac bien caché au cœur du delta. Les tiges des roseaux sont si serrées que le nez pointu de notre barque ne trouve pas de passage. Adrian pousse de toutes ses forces sur sa perche plantée dans la vase. Lorsqu'un chenal se dessine, nous sautons à l'eau pour tirer notre embarcation.

Soudain, plus moyen d'avancer. Nous sommes bloqués par le plaur. Ce sont d'immenses îles flottantes constituées de roseaux qui se déplacent au gré du vent. C'est le dernier obstacle à franchir avant le lac aux pélicans. John, le cameraman, tente de débarquer sur une de ces îles... et disparaît complètement dans le sol spongieux ! Heureusement qu'il n'avait pas sa caméra... Pour traverser ce faux plancher, nous nous servons de nos rames en guise de raquettes.

**Le Danube a un secret, gardé par des bataillons de moustiques, protégé par un rempart de roseaux, défendu par un sol mouvant qui se dérobe sous les pas...
C'est le sanctuaire des pélicans.
Ces oiseaux géants, chassés de tout le Danube, se sont réfugiés ici. Ils sont les rois du delta.
Tant que le Danube vivra, les pélicans vivront.**

Les pélicans mangent environ 1 kg de poissons par jour et doivent aussi nourrir leurs petits. Leur technique est très perfectionnée. Ils s'envolent en groupe vers un lieu de pêche qui peut se trouver à plusieurs dizaines de kilomètres des nids. Ils se déploient en "U" pour encercler les poissons, puis se rapprochent les uns des autres et plongent tous ensemble la tête sous l'eau, bec grand ouvert. Ils se servent de leur poche comme d'un filet. Avant de s'envoler, ils rejettent l'eau et avalent le poisson.

Le plus grand, le plus lourd, le plus beau, le pélican est le roi du delta !

Un murmure se fait entendre. Il devient meuglement. Une étable ? Non, les pélicans ! Une odeur âcre de fiente nous prend à la gorge. Les derniers roseaux écartés, nous découvrons des centaines de pélicans qui s'agitent en tous sens. Battements d'ailes, claquements de becs, cris rauques, nous ne savons où regarder ! Nous sommes devant une crèche. C'est là que les petits sont rassemblés lorsqu'ils ont trois ou quatre semaines, sous la garde de quelques adultes. A deux mois, les petits pélicans savent pêcher. Ils commencent à voler une dizaine de jours plus tard, lorsque leur plumage est complètement développé. Un jeune encore habillé de son duvet brun tape nerveusement sur le bec d'un de ses parents.

A peine l'adulte a-t-il ouvert le bec, que le jeune plonge jusqu'au fond du gosier pour engloutir les carpes et les brèmes que l'adulte a pêchées pour lui. Il est tellement affamé qu'il voudrait entrer tout entier dans la poche.

Plus loin, des nouveau-nés sont encore sur le nid. Rien de bien douillet : c'est une vague cuvette de roseaux et de boue. Pendant deux semaines, ils sont nourris avec une bouillie liquide faite de poissons prédigérés. Mais bien vite, ils sont capables de puiser des poissons entiers dans l'œsophage de leurs parents. Lorsque le repas est terminé, l'adulte étale ses immenses ailes et commence une minutieuse toilette. Puis, un à un, les oiseaux s'envolent. Lourdauds à terre, ces mastodontes de onze kilos sont les rois du ciel. Ils montent sans effort en utilisant les courants d'air chaud. En cette fin du mois de septembre, ils se préparent pour la grande migration qui les mènera en Afrique. Le delta du Danube est le dernier refuge des pélicans. Ce havre de paix est aujourd'hui protégé. Les pélicans pourront y revenir en toute quiétude au printemps prochain donner naissance à leurs petits.

Après la pêche, les pélicans prennent quelques heures de repos pour digérer et faire leur toilette. Nous les avons approchés avec des ruses de Sioux, car s'ils sont dérangés, ils fuient, abandonnant parfois leurs petits.

Le fleuve

La déesse Téthys est la fille de la Terre, Gaïa et du Ciel, Ouranos. Elle donne naissance au fleuve Istros qui parcourt l'Europe d'ouest en est. Ainsi naît le Danube dans la mythologie grecque. En celte, Danu signifie déchaîné. Tout un programme !

Le Danube prend sa source dans la Forêt-Noire, à 678 m d'altitude, et parcourt 2 880 km jusqu'à son delta en mer Noire. C'est le deuxième fleuve européen après la Volga, en Russie. La surface des terres européennes dont les cours d'eau rejoignent le Danube est de 817 000 km^2. C'est le bassin versant du fleuve. Cet immense territoire, qui représente 10% de l'Europe, subit l'influence du climat continental tempéré et, dans une moindre mesure, des climats océanique et méditerranéen.

Les 120 affluents du Danube, dont les principaux sont l'Inn (515 km), la Morava (329 km), la Drave (707 km), la Save (940 km) et la Tisza (966 km), ont une grande influence sur son débit, qui est en moyenne de 6 500 m3 par seconde. Le débit maximum est d'environ 11 000 m3 par seconde. C'est comme si le volume d'eau de trois piscines olympiques se vidait en une seconde ! La température de l'eau peut varier à un même endroit de 0°C à 26°C suivant les saisons. Les variations de hauteur d'eau sont aussi extravagantes : le Danube peut monter de dix mètres lorsque les pluies sont abondantes ou lorsque la neige des Alpes fond.

Le Danube récolte l'eau des rivières de 18 pays. Parmi eux, l'Allemagne, l'Autriche, l'ex-Tchécoslovaquie (les républiques tchèque et slovaque), la Hongrie, la Croatie, l'ex-Yougoslavie (Serbie, Monténégro), la Bulgarie et enfin la Roumanie fournissent la majeure partie de l'eau du fleuve. Tandis que la Suisse, l'Italie, le Lichtenstein, la Pologne, l'Albanie, la Slovénie, la Bosnie-Herzégovine, l'Ukraine et la Moldavie (Confédération des Etats indépendants) apportent une contribution beaucoup plus modeste.

Le Danube s'appelle Donau pour les Allemands et les Autrichiens, Dunaj pour les Slovaques, Duna pour les Hongrois, Dunav pour les Serbo-Croates et les Bulgares, Dunarea pour les Roumains et Dunaï pour les Ukrainiens.

La navigation

38 barrages régularisent le Danube (25 en Allemagne, 9 en Autriche, 2 en Slovaquie et 2 en Serbie). Le Danube est navigable sur 2 400 km. Il transportait environ 100 millions de tonnes de marchandises en 1989 (le Rhin a un trafic trois fois plus important). Depuis septembre 1992, le canal qui relie le Main au Danube en Allemagne est ouvert. Les bateaux qui viennent du Rhin remontent le Main à partir de Mayence. A Bamberg, ils prennent un canal long de 171 km, pour rejoindre le Danube à Kelheim. Pour passer du Rhin au Danube, il y a 555 km à parcourir et 50 écluses à franchir. Ce canal suit en grande partie le tracé du canal construit par Louis Ier de Bavière en 1845 et qui a été détruit pendant la Première Guerre mondiale. La mer du Nord est donc reliée à la mer Noire, comme l'avait rêvé Charlemagne il y a plus de mille ans. En 1984, la Roumanie a ouvert un canal reliant le Danube à la mer Noire entre Cernavoda et Constantza. Ce canal a nécessité le transfert de 300 millions de m^3 de terre, plus que la construction du canal de Suez. Il raccourcit le voyage de 370 km.

Le difficile partage de l'eau du fleuve

Le Danube traverse 10 villes de plus de 100 000 habitants et fournit de l'eau à 76 millions de personnes. La consommation va presque doubler d'ici l'an 2000 ! C'est un vrai problème pour partager l'eau entre ceux qui veulent construire des barrages pour produire de l'énergie, ceux qui veulent régulariser le fleuve pour la navigation, les agriculteurs qui veulent de l'eau pour irriguer leurs champs, les centres industriels et les centrales thermiques ou nucléaires qui sont refroidies par l'eau du fleuve, enfin et surtout les populations qui réclament de l'eau potable… sans oublier l'écosystème alluvial dont la vie dépend des inondations et de l'irrégularité du débit du fleuve.

La préhistoire

Il y a deux cent cinquante millions d'années, une mer recouvrait presque toute l'Europe. A mesure que la chaîne des Alpes s'est soulevée, cette mer s'est retirée, laissant dans les roches des fossiles d'animaux marins qui témoignent du passé.
La naissance du Danube remonte à environ cinq millions d'années. Il s'est d'abord jeté dans la mer Pannonienne qui recouvrait l'actuel Hongrie. Son delta se situait en aval de Vienne. Petit à petit, cette mer s'est vidée et le Danube a continué son chemin jusqu'à la mer Noire.
Récemment, des géologues roumains ont découvert des crânes d'ours vieux de 85 000 ans, bien alignés dans une grotte souterraine creusée par le Danube.

L'histoire en marche

La Première guerre mondiale (1914-1918) éclate à la suite de l'assassinat de l'héritier du trône de l'Empire austro-hongrois, à Sarajevo. Elle oppose l'Empire austro-hongrois, l'Allemagne et la Bulgarie au reste de l'Europe et aux Etats-Unis.
En 1917, c'est la Révolution russe : les Bolcheviks renversent le tsar et imposent l'idéologie communiste. Le Traité de Versailles met fin à la Première Guerre mondiale et démantèle l'empire austro-hongrois. La Hongrie doit céder la Slovaquie au nouvel Etat tchécoslovaque, la Transylvanie à la Roumanie et enfin la Croatie au nouvel Etat yougoslave. En 1920, les pays riverains du Danube sont au nombre de 7 : l'Allemagne, l'Autriche, la Tchécoslovaquie, la Hongrie, la Yougoslavie, la Bulgarie et la Roumanie.
La Deuxième guerre mondiale (1939-1945) voit les troupes d'Hitler occuper presque toute l'Europe. L'Angleterre, l'Union soviétique et les résistants des pays conquis luttent avec l'aide des Etats-Unis contre l'Allemagne.
En février 1945, à Yalta, petite ville du bord de la mer Noire, une conférence réunit les dirigeants des Etats-Unis, d'Angleterre et d'Union soviétique. Ces trois chefs d'Etat décident du partage de l'Europe : Staline garde les territoires conquis par l'Armée rouge en Europe de l'Est. L'Allemagne est coupée en deux. Les pays de l'Ouest suivent les principes de la démocratie pluraliste, tandis que les pays de l'Est, sous tutelle soviétique, n'autorisent que le parti communiste. C'est la guerre froide. A l'exception de l'Allemagne fédérale et de l'Autriche, tous les pays danubiens font partie du bloc des pays de l'Est, retranché derrière le rideau de fer. Les tentatives d'indépendance, en 1956 en Hongrie et en 1968 en Tchécoslovaquie, sont durement réprimées. En 1961, un mur est érigé au milieu de Berlin.
Sous la présidence de Mikhaïl Gorbatchev, les pays satellites de Union soviétique parviennent à prendre leur distance avec le pouvoir central. En 1989, la révolution gagne tous les pays de l'Est, le mur de Berlin est détruit. Les frontières entre l'Est et l'Ouest s'ouvrent à nouveau, le Danube redevient le fleuve de tous les Européens.
Si l'Allemagne s'est réunifiée, d'autres pays éclatent, car des minorités ethniques opprimées pendant quarante ans exigent leur autonomie.
L'URSS se divise en une Communauté de 12 Etats Indépendants (CEI). Les Slovaques créent un Etat indépendant et se séparent des Tchèques. En Yougoslavie, les Croates et les Slovènes catholiques déclarent leur indépendance, mais les Serbes orthodoxes refusent cet état de fait. Une guerre civile éclate au printemps 1991. Elle s'étend aux territoires de Bosnie-Herzégovine avec l'entrée en guerre des musulmans bosniaques.

INDEX

ÉQUIPE COUSTEAU :
Commandant Jacques-Yves Cousteau, Jean-Michel Cousteau.
Auteur : François Sarano.
Iconographes : Judy K. Brody, François Sarano.
Equipe rédactionnelle : Thierry Piantanida, Véronique Platt, Christine Causse, Grégoire Koulbanis.
Avec nos remerciements à : Céline Garrigues, Sophie Mayoux, Bertrand Charrier, Denis Ody.

ÉQUIPE HACHETTE
Conception graphique et réalisation : Carmèle Délivré et François Huertas.
Mise en page : Etienne Hénocq.
Responsable éditoriale : Bénédicte Servignat assistée de Valérie Einhorn.

CRÉDITS PHOTOGRAPHIQUES :
Photos Equipe Cousteau
Dominique Arieu : 22 (haut à gauche).
Steve Arrington : 56 (bas).
Bernard Bidault : 12, 13 (haut à gauche ; milieu ; bas à gauche), 30 (bas à gauche), 31 (haut et droite), 32 (haut), 33, 34-35, 39 (bas), 43 (incrustation), 44, 45 (bas à gauche), 49 (haut).
Ovidiu Bogdan : 22 (bas), 23 (bas à droite), 24 (droite).
Anne-Marie Cousteau : 9 (haut), 11 (haut et bas), 13 (bas à droite), 17 (haut à droite), 19 (incrustation à gauche et au milieu), 20 (bas à droite), 25 (haut à droite), 26, 27, 28, 29 (bas à gauche et incrustation), 30 (droite), 31 (incrustation), 37 (bas à droite), 38, 39 (haut), 41, 45 (haut), 51 (bas), 52, 54, 55.
Jean-Marc Froment : 8 (haut), 9 (fond).
Christine Laurent : 23 (milieu à gauche).
Didier Noirot : 45 (bas à droite).
Roberto Rinaldi : 5, 13 (haut à droite ; bas au centre), 23 (bas à gauche), 25 (haut à gauche et incrustation).
Dominique Robert : couverture (fond), 19 (bas), 40, 42, 43 (fond), 49 (bas), 51 (haut), 57 (bas).
François Sarano : 2-3, 10, 11 (incrustation), 14 (haut), 17 (bas), 18, 19 (haut), 20 (haut et bas à gauche), 21, 22 (haut à droite), 29 (haut et bas à droite), 32 (milieu et bas), 36, 37 (haut et bas à gauche), 46, 46-47 (fond), 50, 53, 57 (haut).
Véronique Sarano-Simon : 8 (bas), 15 (droite), 24 (gauche), 25 (bas).
Michel Verdure : 14 (bas), 15 (gauche), 16, 17 (haut à gauche), 47 (droite), 48.

ILLUSTRATION :
André Demaison : 6-7.